POEMAS PARA NO LEER
EN UN INSTITUTO

Siltolá Poesía | 107

Julián Cañizares Mata

POEMAS PARA NO LEER
EN UN INSTITUTO

Ediciones de la Isla de Siltolá

Sevilla 2024

© **Julián Cañizares Mata**

© de la fotografía del autor: **Lidia López Morales**

© 2024: **Ediciones de La Isla de Siltolá**
Apartado de Correos 22.015
41018 – Sevilla (España)
www.laisladesiltola.es • editorial@laisladesiltola.es

Diseño de colección: La Isla de Siltolá
Impresión: Kadmos

ISBN: 978-84-19298-43-0 • DL: SE 2622-2024
BIC: DCF • THEMA: DCF

(Impreso en España)

A Leo, mis palabras

LOS ADULTOS, NOS PONGAMOS COMO NOS PONGAMOS, SOMOS UNOS HIJOS DE PUTA

La policía de París disparó contra
un niño que llevaba un helado de chocolate
en la mano.
Disparó fuerte, muy fuerte.
La policía creyó ver una bomba en su helado
de chocolate. Creyó ver una revolución
en el pantalón verde de pana.
Un cisma y un hueco inmenso
en su camiseta de ranas.
El niño cayó sobre un charco de profundidades
y ya no se dejó ver por las luces del futuro.
Alguien gritó que su helado tenía espinas
y alguien aseguró conocer el veneno
de sus zapatillas rojas.
La ambulancia acudió despacio, por si acaso.
Los telediarios comenzaron con una ópera,
por si acaso.
Y la gente que se agolpaba respiró un haz
de niños inocentes caídos en desgracia.
¿Qué pretendía aquel niño con helado de chocolate?
¿Destruir la madura militancia de la adultez?
¿Conseguir el premio Absoluto
del desorden?

¿Acaso aparcar en doble fila sobre triple fila?
Los policías acribillaron al niño sentados y de pie.
Hicieron un informe en verso
y luego otro en papeles de diez colores blancos.
Golpeó a los caballos que relinchaban demasiado
y pisoteó a los grillos que parecían solos.
Ninguna azucena, ninguna rosa pidió la voz.
Simple agua que fluía silenciosa.
El presidente de los presidentes fue al baño
y luego se limpió el culo.
Una golondrina lloró por el resto de leones,
que no pudieron hacer nada por el niño.
Aquel helado de chocolate era una bomba, seguro.
Nadie dudó de que el incendio fuera posible.
Sus piececitos, sus manos suaves eran,
seguro, un independiente mordisco de la muerte.
Por fortuna,
todo quedó en un susto, y le dieron el niño
a sus padres,
que se dedicaron a llorar, solamente.
Lo enterraron bajo un árbol
que tenía pájaros que no eran bombas
ni arrebatos de desorden.
¡Qué suerte, militar en el poderoso orden!
¡Qué suerte no ser un niño!

Aquel niño con helado de chocolate había salido
del cole una hora antes.
Le había dicho a su madre que su seño
le había dado el caramelo más absoluto,
lleno de colores blancos.
"Pues te compraré un helado de chocolate",
le acarició su madre.
Y así es como termina una historia
que los adultos no comprenden por si acaso.
La hieren, por si ese acaso es una revolución cruel,
invencible, llena de espadachines rápidos.

¿O ES UN ICOSAEDRO?

La Tierra no es redonda, ni plana.
Es dodecaédrica. La lluvia no es necesaria
para las plantas, es una mentira
y un mal comportamiento. La lluvia sirve
para poco, o para casi nada. Sucede,
y ya está.
La naturaleza está sobrevalorada,
y los pájaros no cantan, solo gritan su dolor
por no poder caminar por las veredas.
Hay tantas cosas que necesitan su mentira
para ser lo que son.
Como que una ballena varada
es una víctima, cuando lo que quería
era visitar un museo cercano.
La Tierra es dodecaédrica,
y el mar es una gran lágrima que surgió
de un problema sideral.
También el universo llora, igual que el niño
que ha perdido su cucurucho de chocolate.
No importa creerse las cosas,
porque así es más fácil identificar
el presente y el futuro.
Después, haremos como si la lluvia

ayudara a crecer a la planta,
aun sabiendo que la lluvia es mentira,
una gran mentira que necesita de nosotros.
Quizá, algún día la Tierra no sea
dodecaédrica,
y sí redonda, y los satélites espaciales
no tengan que mentirnos más,
igual que la lluvia, que será de verdad,
y mojará las ventanas para que crezcan,
crezcan y crezcan,
y lo que veamos a través de ellas
sea una maravillosa sensación de calma.

MUDANZA EN PAISAJE PROPIO

Imagina que un día te despiertas
y tu casa te ha abandonado.
Imagina que tu casa se ha mudado,
que estás solo y despierto.
Imagina que hay una caja junto a ti.
Que esa caja tiene el aire
de la anterior casa, que se ha ido
y te ha dejado solo y despierto.
Imagina que necesitas una casa,
para colocar ese aire antiguo, pero
no hay casas porque esa casa
era la única casa que era tu casa.
Es difícil tocar una pared, oler
una lámpara, soplar una puerta
para que se abra. Es difícil dibujar
lo que hubo una vez tras la ventana.
Ese aire antiguo, ese aire
que estaba y nacía a cada minuto.
Dondequiera que mires
hay un mensaje que no da pistas,
sino misterio y agua distribuida.
Verde nieve que hace fácil
el deslizamiento del mundo oscuro.

Ahora tienes una caja
con aire antiguo, y una desnudez
que habitan alfileres
y picos rotos de mirlos incapaces.
¿Imaginas algo así?
¿Imaginas que el aire antiguo
no hubiera estado dentro de la caja?
Despierto, todo el comportamiento
se levanta, y te dice al oído
que vayas, que ames el aire antiguo
tanto como el aire nuevo,
que llegará,
tarde o temprano llegará, igual que tú,
que llegas adonde llegan las causas.

ES TU CARA LO QUE RECUERDO

Quinientas mentiras, o setecientas,
vienen hacia nosotros. Van en caballitos
blancos, o en caballitos negros.
Ballitos blancos, ballitos negros. Dime,
mentira cuarenta y siete: ¿Tu sed,
tu realmente sed, tiene que ver, ver,
con la necesidad de partirme en dos,
llámese dos a mi dulzura y a mi acritud?
Bah. Mentira doscientos cuatro.
Estoy preparado para vuestra invasión
a caballo, ballo blanco, ballo negro.
Me da igual vuestra amplitud térmica,
vuestro frío entrenado,
vuestra capacidad de rodearme de sal.
No me importa que me toquen la cara
porque mi nostalgia no es mentira.
No me importa que me invadáis fuertes,
porque mis recuerdos no son mentira.
Quinientas mentiras vienen
hacia nosotros. Quieren disfrazarnos
de cabizbajos. Pero no pueden. No,
no pueden. Mentira seiscientos tres:
¿De verdad creéis que no sé de qué va

todo esto, de qué pie cojea la figura
retórica de vuestros gritos? Soy verdad,
poquita, pero verdad. También voy
en un caballo blanco, en un caballo negro.
No me da miedo la maniobra
ni el comportamiento,
porque sé que quinientas mentiras, o setecientas,
vienen hacia nosotros. Van en caballitos
blancos, o en caballitos negros.
Ballitos blancos, ballitos negros. Sueño
y me despierto, sueño y me despierto.
Y si las mentiras siguen ahí,
no importa: sueño y me despierto. Sueño
y me despierto.

EL AYUNTAMIENTO ES UN SER VIVO

El viento derribó árboles, ramas,
macetas y ramitas del suelo. El parque
se llenó de restos y de trozos
y de pedazos. Al día siguiente,
el Ayuntamiento no tuvo ganas
de recogerlos. "No tengo ganas",
"No quiero hacerlo", "Dejadme en paz".
Así acabó aquel comportamiento.
El ocaso de los ocasos, las subidas
nonagenarias, el parloteo
de los que no tenían definiciones claras.
¿Puedes arreglar la acera? No.
¿Qué se puede esperar
de un Ayuntamiento triste,
abúlico, destronado de su comportamiento?
Una invasión de destierros llegó
como el avión que tenía avioncitos.
Y luego, luego,
el Ayuntamiento vio las ramas,
los árboles, las macetas rotas y caídas.
"No tengo ganas", volvió a decir.
¿Qué se puede hacer con una convulsión
irrefrenable,

con un pico de montaña lejos de ella?
Quizá lo que se hace cuando
el amor se termina: olvidar que se olvida.

UNA VISIÓN DE BALCÓN INFINITO

La sinceridad sin control
no sirve de nada, igual que la lluvia
majestuosa pérgola de piedra,
igual que la cúpula pétrea de lluvia,
igual que la catedral comportada,
igual que la portada lluviosa
piedra, control de la lluvia sobre
la majestuosa pérgola, sincera
materia sin servicio de nada, nada,
nada más que una sinceridad
que se coloca catedraliciamente
en el corazón del que quiere latir.
La sinceridad sin control
no sirve de nada. Todo santuario
es una máquina de hacer dinero. Todo
cualquier monstruo es una partícula
de átomo incorrecto, parte corta
del viaje correcto, asunto dúctil
de la merienda sin flan pero con padres.
La sinceridad sin control etcétera
etcétera. No seas así. No entiendo
cuando la sinceridad parece
un luminoso balcón corrido, y cae
toda la piedra del que está hecho.

CABEZA DE CRÍO

Cuando yo era crío, en la Feria,
y dentro de la Feria, en la cabalgata
de inauguración, danzaban
los cabezudos, gigantes cabezudos.
Tenían la cabeza gigantesca. Como
un edificio. Como un volcán
mejicano. Como un mito extenso.
Echo de menos el río de ir a verlos,
salir de casa después de comer,
mirar el cielo nublado o no, esperar
entre la gente a que pasaran, mirarlos,
temer que me miraran,
sus ojos enormes, gigantes como
un volcán hawaiano, enormes
como un palacio veneciano grande.
Echo de menos sus pasos torpes,
sus giros redondos, sus zigzagueos,
su mirada gigante cabezuda,
su persecución de mi átomo de reír,
sus colores en sus ropas cromáticas,
sus diferentes manos de todas.
Echo de menos verlos frente a mí,
su cabeza necesaria,

sus ojos espadachines, el griterío
de todos nosotros cuando el griterío
nuestro se acercaba a ellos,
y ellos se acercaban como para tocarnos,
sin tocarnos, sin dejar de sentir
que ese momento se parece
a ese momento, solo a ese momento,
y que el gigante momento tiene cabeza
cabezuda y espadachina y feliz,
cabezudamente superfeliz y seminal.

UNA MUJER MIRA EL BOSQUE

Una mujer mira el bosque.
Dos días después hará la mudanza
de su casa, con sus cajas
y sus objetos tridimensionales.
Pero hoy la mujer mira el bosque.
Necesito mirar el bosque
un minuto,
le dice al hombre con el que camina.
Lo necesito para hacer la mudanza.
La madera del bosque todavía
no es madera, sino bosque. El aire antiguo
todavía no es recuerdo.
Es aire.
Necesito mirar el bosque
para comprender que necesito
el bosque.
Un zorro camina escondido
y una hoja, a punto de caer, disfruta
de ello.
La quietud implica más quietud.
Mi hija necesita la mudanza
y mi hijo nueve juguetes.
Yo necesito ser libre sin duras penas,

saber que mi esclavitud
está a gusto conmigo.
Volver a sentir que el aire no es complicado,
porque su mentira ha muerto.
Sí. Necesito mirar el bosque
un minuto. Lo necesito.
Podré así con el mundo,
porque me he parado en este instante.
Porque el bosque
me ha dicho:
Si me miras, prometo que iré a verte.

R

Repitamos la jugada,
dijo el árbitro en el partido
de fútbol. Siempre decía eso
(repitamos la jugada)
cuando se marcaba un gol.
Había que recolocar
a los jugadores, y repetir
los trazos, los tiempos,
la belleza y la suerte del gol.
Repitamos la jugada.
Los jugadores temían
que el árbitro les arbitrara.
Sus padres, los utilleros.
Todo merece su repetición.
¿Su repetición?
Sí, su repetición. Su rabia,
su belleza, su olvido,
su castigo, su benevolencia,
su futuro, su comportamiento,
su naturaleza aleatoria
dirigida por lo aleatorio.
Repitamos la jugada.
Repitamos la jugada otra vez.

¿Qué nos puede ocurrir?
¿Qué mal hay en ello?
¿Qué consecuencia nívea
en el corazón ardiente?
Repitamos la jugada
como el que repite un invierno.
Puede que en ese instante
de la vida
seamos más conscientes
de que vivir es repetidamente
necesario para no morir.
Y que morir,
repitiendo y repitiendo,
no sabe de nuestro partido.

TUYA, MÍA, NOSOTROS

Yo no inventé la ambulancia.
Tampoco tengo el carné de conducir,
y por lo tanto no puedo conducir
una ambulancia.
No hay tiendas donde vendan ambulancias.
No hay sino desierto y más desierto.
Si hubiera tenido una ambulancia,
podría haber hecho la mudanza con ella.
Pero no tengo una ambulancia.
Habría metido en ella los muebles,
las cajas, el aire antiguo. Habría ido veloz
y con la sirena encendida.
Habría recorrido la ciudad, toda ella,
todas las calles.
¿Por qué no puedo hacer la mudanza
con una ambulancia?
¿Por qué las leyes son tan estrictas?
¿Acaso no he pagado mis impuestos,
he cuidado de los míos,
he vivido para ser respetuoso?
¿Por qué las ambulancias
no pueden servir para curar el trayecto,
para un incipiente manantial de rosas,

azucenas,
ventanas recién mojadas por la lluvia?
¿Por qué el monolito
se come al conjunto de piedras curativas,
la perseguida calma
de la luz de los amaneceres?
Ni yo inventé la ambulancia,
ni yo he podido comprar una ambulancia.
Siempre me quedará eso.
Siempre querré curarme,
o llegar a tiempo para curarme.
Saber que estoy secuestrando una ambulancia
sin hacer daño a sus conductores,
para decirles: Venid a casa,
venid a casa y ayudadme a trasladar mi hospital.

DE SUEÑOS Y FANTASÍAS Y DESPERTARES

El deleite político es una quimera.
El Renacimiento, su lluvia, es una quimera.
La vuelta al mundo es una quimera,
los ochenta días quiméricos y los barcos
que en él quimeran los 80 días
son una quimera. La gota del leopardo
es una quimera química, la misma lluvia
que ven los instrumentistas,
el opaco dulzor del techo con violinistas.
La ruina nevada es una quimera,
igual que el manzano que lucha por fijar
sus condiciones.
Quimera es la participación, vivir
en la creencia de ocupar un mismo día,
el mismo que el otro día,
el mismo mismísimo que renta mínimamente.
Quimera, quimera que sirve para cerrar
los ojos por la noche, y dormir
con el impresionante color de los sueños.
Quimera que ofreces la novedosa mudez
del que espera a que algo ocurra en la vida
y no ocurre.
Quimera, que te destruyó un espadachín rápido

porque era más rápido que tú.
Lo importante no es madrugar,
sino soñar que madrugas, y luego despertar.

UN AUTORRETRATO SIN IMPORTANCIA

Al entrar en casa, comienza el viento.
Es un viento fuerte,
que tira las lámparas, las sábanas,
las madejas de lana.
Empuja al peluche hacia el radiador,
y mueve los juguetes de sitio.
Es un viento fuerte, incapaz de saber
qué está haciendo, salvo vivir.
Que no es poco.
Es un viento que se sabe las vocales,
pero no todas, sino unas pocas.
Quizá las mueva de sitio en las palabras,
y cada palabra sea una negación
de sí misma.
Es un viento que recorre los dibujos
y la comida del domingo,
todavía caliente.
Que inspira e inspira para recordar
luego,
como si recordar fuera un parapeto
de sí mismo.
Las ventanas solo sirven para amar
el paisaje,

no importan si están cerradas o abiertas.
El viento recorre la casa,
sopla fuerte, muy fuerte.
Descoloca la cama de sitio, el aire
antiguo,
la madera del marco de la puerta. Vive
buscando las hojas de los árboles
que no están.
Es complicado saber qué sentido tiene,
pero está ahí.
Y es lo que hay.
Y si un día el viento desaparece, la casa
se venderá al primer destructor
que pase.

QUE PASE EL SIGUIENTE

De niño no me gustaban los libros.
Los árboles sí me gustaban.
Después,
me gustaron los libros, y los árboles.
De niño tenía unos juguetes
que ahora no tengo, pero busco (mucho)
por las tiendas de antiguo.
Los juguetes ya no están, ni estarán.
De niño olía cosas
que ahora ya no huelen a esas cosas,
y caminaba por calles distintas
a las mismas calles por las que camino ahora.
De niño bajaba por los ríos
sanos, y volaba por los cielos míticos,
sujeto a un caballo bueno,
pidiendo a la gente que se apartara.
De niño me despertaba con una fila
de peluches esperando en mi puerta,
haciendo cola,
comentando qué tesoro me buscaba.
Insoportable viejo sofá derruido y marchito.
Insoportable colección de frío frío y frío.
De niño tenía una oportunidad recurrente,

una condición intratable,
una disculpa llena de átomos buenos.
Busco tres islas desiertas
para llevarme nueve deseos.
Tres lobos feroces para utilizar tres hachas.
De niño tenía frío solo cuando mamá
me lo decía, y lo tenía para hacerle caso.
No sabía lo que era una pared,
un techo, un azulejo de loza. Sabía muy poco
de fronteras.
No me gustaban los libros
y, sin embargo, tengo un nuevo apellido
por cada uno de ellos.
De niño era muchas cosas, y una incomprensión.
Y si ahora la comprendo,
es porque ahora solo soy un niño
de una cosa.

UN POQUITO DE LAUREL

El servicio de Correos envió una carta
de hipocresía a todos los ciudadanos.
Era verdadera.
Algunos la recibieron haciendo una barbacoa.
Otros estaban comprando lentejas
y un poquito de laurel.
En general, todos estaban produciendo
una herida al mundo.
La carta de hipocresía llegó con sello y todo,
un sello bocabajo,
y un remite en color verde,
como si el verde fuera esa compra
o esa barbacoa.
Algunos recibieron la carta conduciendo,
y otros arreglando la cerradura de la puerta.
Buscando un pantalón de pana,
o caminando hacia la inmobiliaria.
¿Leyendo las instrucciones
de una nueva freidora?
¿Paseando por el parque?
El servicio de Correos envió una carta de hipocresía.
Dicen que no existe el corazón.
Que el corazón es plano.

Que el corazón no está en el pecho.
Dicen que el corazón no sabe más de mil idiomas.
Algunos recibieron la carta de hipocresía
sacando dinero del cajero automático,
o tomándose una caña,
o metiendo un asado en el horno.
¿Somos una parte acostumbrada de la hipocresía?
¿Somos una parte del amor olvidado?
La carta llegó un martes.
Miércoles.
Jueves.
Tú puedes ser lo que quieras ser.
Tú puedes hacer que el amor vuelva.
A partir de aquí, el laurel se echa a las lentejas,
y poco más.
Si acaso, que has podido hacer 30 o 40 cosas
con un solo corazón.

UN ALEGRE TIGRE

Teodoro colocó una loseta
con la ayuda de un tigre.
El tigre le pasaba la masa del capazo,
y Teodoro la ponía en la pared
con cuidado, para luego colocar la loseta.
El tigre de vez en cuando se quitaba
el sudor de estar viviendo aquella aventura.
Soy el rey de los tigres, se dijo.
Teodoro no se dijo: Soy el rey de los hombres.
Los animales sí pueden ser reyes.
Los hombres solo bestias.
Teodoro aplicó el cemento y luego puso
la loseta.
El tigre apretó la loseta con su cabeza,
como si fuera realmente un toro, en lugar
de un tigre.
Pero era un tigre.
Teodoro sonreía porque un tigre le hubiera
ayudado.
No se lo esperaba.
De hecho, cuando se lo encontró al final
de la calle, frente a frente,
pensó que se lo iba a comer.

Pero no fue así: el tigre se le acercó
y, con un gesto natural, le dejó claras sus intenciones.
El tigre continuó apretando la loseta
para que quedara bien fijada.
Así fue: quedó bien fijada.
Teodoro y el tigre se miraron satisfechos,
porque habían hecho un buen trabajo.
La pared estaba arreglada,
lucía bella,
era la reina de las paredes.
Sin embargo, ahora venía lo más difícil para ambos.
Despedirse.
¿Cómo se despide una bestia de un rey?
Nadie lo sabe,
ni tampoco hay un tratado para ello.
Teodoro quiso decirle algunas palabras,
pero no supo.
Allá arriba, en las nubes, tampoco lo saben.
Ni debajo de los comportamientos.
El tigre lo miró e hizo un gesto de rey.
Levantó una de sus patas
y la mantuvo en alto.
Es todo lo que podía hacer, él y su naturaleza.
Despedirse es muy difícil.
Es una ocasión definitiva de desnudez.

Un alto silencio.
Teodoro y el tigre se dieron un abrazo.
Y luego se dieron cada uno la vuelta,
y se dirigieron a sus respectivos espacios:
Teodoro a su guarida, y el tigre a su reino.
Después,
la loseta se quedó fija,
y había algo en ella que era bonito, muy bonito.

EL REINO

El presidente de la comunidad
pidió dinero para un viaje a la naturaleza.
Él necesitaba ver algo ordenado,
algo que no tuviera mil innecesidades.
Naturalmente,
los vecinos le dijeron que no.
Le dijeron que la naturaleza es gratis,
que se la pagara él.
Pero el presidente de la comunidad
necesitaba que los demás se la pagaran.
¿Te imaginas un árbol
al lado de otro árbol?, le dijo el presidente
al del 1º A.
¿Te imaginas un río lleno de truchas,
una piedra y una pradera
justo en la falda de una montaña?
¿Te imaginas a un halcón peregrino
tarareando una canción de águilas y cucos?
Es bello, es imaginativo,
es un comportamiento único.
Los vecinos se enfadaron con él
porque pedía dinero
para irse por ahí.

Pero el presidente de la comunidad
no quería irse por ahí.
Quería encadenar una palabra con otra,
sustituir una catedral por una catedral natural.
Quería respirar
un aire y una pacificación.
Un sustrato tras otro de pequeños pájaros.
¿Por qué no puedo utilizar este dinero
para hacer de mi vida un manantial?
Siento que soy el rey de las paredes,
el emperador de los techos.
Siento que mis súbditos son las sillas
y los manteles.
Quiero huir de este pinchazo de espadachín
y ver
que aquello que se ve es una montaña,
y que en ella estaré bien.
No pretendo robar a nadie,
sino salvarme a mí mismo.
Así pues, el presidente de la comunidad
dijo cuanto tenía que decir,
y guardó silencio.
Y en el acta de la reunión de la comunidad
se escribió un "no" rotundo a ese viaje
a la naturaleza,

porque un imperio de tenedores es suficiente.
El presidente de la comunidad se fue,
y dejó de ser
el presidente de la comunidad.
Le habría gustado que su viaje a la naturaleza
lo hubiera pagado un río,
pero echó mano de la comunidad
porque creía que su tristeza
no tendría precio.
Pero sí lo tenía.
Y así es como acaban las historias
donde los reinos son muy caros, y cuesta llegar
a ellos.

1415

Uno de los arqueros ingleses
que participó en la batalla de Azincourt
está enterrado en alguna parte.
También el soldado francés que recibió
la flecha.
El arquero inglés que acompañaba
a ese primer arquero,
igual que otro soldado francés que luchaba,
también está enterrado en alguna parte.
La alegría de todos ellos no sabemos
dónde se encuentra,
en qué parte está enterrada, si es que está
enterrada.
Si ahora alguien ríe,
quizá esté utilizando algún átomo
de aquella alegría del arquero inglés.
Seguramente la alegría
no se encuentre en ningún lugar fijo
como sí lo están los arqueros.
Quizá la alegría vaya de otra cosa.
El arquero inglés vio caer la flecha, y clavarse.
Seguramente el pasado
tenga sus virtudes,

pero no son de este mundo. Como si la abeja
no libara lo suficiente.
Como si el pasado fuera solo una narración
vacía,
y su alegría primera,
su intensidad primigenia,
estuviera en todas partes, como cualquier gota
de lluvia cuando se evapora o se filtra.
La alegría del arquero inglés
es una parte del patrimonio inmaterial
de la humanidad.
Y si nadie lo ha pensado hasta ahora
es porque nadie ve a más de 5 kilómetros,
aunque tenga la mejor vista
del mundo.
Aquel día, en Azincourt, el arquero inglés lanzó
la flecha,
y su átomo de alegría no fue enterrado
en ninguna parte.
Ni siquiera con él.

LO QUE HAY EN MEDIO

Todas las aceras llevan a Roma.
Todas las venas llevan a tu corazón.
Lo que hay en medio de dos pájaros
es una bala muerta.
Lo que se pone encima de un día
es una situación irrepetible.
Los gigantes nacen sin serlo,
apenas son pequeños renacimientos.
Un autobús cruza un paisaje,
el paisaje cruza su tiempo inherente.
¿Sabes qué igualdad es más próxima?
La que dice que eres lo que amas.
Ningún balcón está libre de su altura,
y ningún balcón toca el suelo.
Hace ya que dejaste de jugar en la arena,
pero hay rastros inmediatos y seguros.
Puede que vivir sea vivir sin mí,
pero también puede que sea vivir sin ti.
Dile que no a los pozos oscuros,
y diles que no te asomarás a ellos.
Lo que hay en medio de dos pájaros
es una flecha muerta.
Todas las pérgolas están unidas,

y nadie puede desmentirlo.
Hay un 2% de tierra no pisada
que espera ser pisada en algún momento.
Bajan los barcos por los ríos
como si los ríos fueran sus orígenes.
De nada sirve mentir a la vida
porque la vida miente cuando naces.
Bromas encima de ruedas y piernas,
bromeando a cualquier broma del día.
Los átomos no saben que lo son
y, sin embargo, componen la luz.
Buena suerte a los que viajan
y buena suerte a los que retroceden.
¿Alguna opción de no inmiscuirse
en la pelea gritona de ambos latidos?
Solo cuando la escuela se derrumba,
los pasos de los niños se caen al pozo.
El olvido es una forma de ser,
pero también un cumpleaños de la muerte.
El niño hace rato que llora
porque un pájaro hace rato que llora.
Siente que el mundo está bien,
siente que eso es un indicio perenne.
Todo lo que piensas está vivo,
todo está en medio de dos personas.

Dos ancianos son jóvenes
si el pintor que los pinta no ve ancianos.
La cantidad de calles que terminan
directamente en el campo.
Buscamos la llave entre dos tesoros,
y apartamos para ello dos tesoros.
Todas las calles llevan a tu corazón,
y todas las venas llevan a Roma.
Inventa una nueva especie de tigre,
y llévalo a un zoo de animales buenos.
Sé un tercer árbol
cuando estás entre dos árboles.
No cruces la calle sin mirar
porque tu madre te echará una regañina.
Dime qué hora es
y te diré qué hora soy yo, y por qué.

LOS PUNTOS DE SUTURA

He visto 36 zorros en mi vida
porque salgo mucho al campo.
Siempre que veo un zorro
anoto su localización geográfica.
Sé que tiene sentido ver un zorro.
Descubrir ese animal en el campo.
Un mes de abril me compré
un mapa.
Fui señalando cada localización geográfica,
cada zorro que vi en mi salida al campo.
Cuando tuve los 36 puntos los uní,
como en esos pasatiempos de unir puntos
para ver qué silueta sale.
Efectivamente, salió lo que me esperaba:
la silueta de un zorro.
En este caso, corriendo,
como en esos cuadros de cacerías inglesas.
Huyendo,
quizá intentando llegar rápido a la madriguera
para salvar a sus crías.
¿Y si el siguiente zorro
es un punto dentro o fuera del zorro?
Tengo miedo de que sea dentro,
porque será una bala,

y tengo miedo de que sea fuera,
porque será la bala que está llegando.
Ojalá el siguiente zorro continúe
su silueta
y yo siga creyendo que todo tiene un porqué
no hostil.
Podría dejar de salir al campo,
podría destruir ese mapa
con la silueta del zorro.
Podría hacer muchas cosas,
pero no puedo. No hay incertidumbre suficiente
para acallar un cumpleaños.
Por eso, cuando salgo al campo, espero ver
lo que el campo ve en mí.
Yo creo en la naturaleza y en las siluetas
invisibles,
en las carreras a casa y en los puntos universales.
Sé que el siguiente zorro
no se dejará ver
si sabe que es la bala de mi zorro.
Aunque yo lo ame.
Se quedará en la madriguera, o huirá de mí,
como si yo me hubiera convertido
en una bala,
y mi vida pudiera ser la muerte.

DE CÓMO EL PROFESOR SALVÓ EL INSTITUTO

Era un profesor.
Tenía que explicar la Comuna de París.
La Comuna de 1871.
En ella estuvo Rimbaud, un poeta
francés que se hizo traficante de armas
al final de su vida.
No importa.
El profesor decidió explicar la vida
del poeta, y no la Comuna de París.
El inspector entró por la puerta
y le dijo que no.
Que tenía que explicar la Comuna parisina.
El profesor dijo:
No.
Tengo que salvarlos del infierno,
a Rimbaud, a ti, a todos nosotros, dijo.
Luego entró el director del instituto
y le dijo que tenía que explicar la Comuna
de París.
El profesor sabía que Rimbaud
había estado en la Comuna,
y hay fuentes que afirman

que fue violado por un soldado prusiano.
Escribió poemas,
volvió con su madre,
vagó por Europa,
lo acogió una señora italiana,
recibió un disparo,
supo de la belleza, a la que sentó
con él,
y murió joven, con ese agujero rojo de la vida.
Debo salvar a Rimbaud,
dijo el profesor.
Debo salvar a los alumnos, dijo el profesor.
Debo salvarme yo,
se dijo a sí mismo.
La vida consiste en salvar a los demás,
a través de una historia corta,
con el ejemplo bello de la mano que acaricia
el borde del llanto,
y el lado opuesto de su alegría.
El profesor comenzó a contar la vida de Rimbaud,
ante los agravios del inspector,
ante la sentencia del juez
(que pasaba por allí),
ante la apretada agenda del mundo real.
Contó su descenso por los ríos,

su noche parisina,
su profesor Izambard, que le hizo vidente.
La Comuna de París
no salva a nadie, ni como símbolo,
ni como agente de amor.
Debo salvaros, dijo el profesor. Debo ser
el que hace lo correcto,
el que salva a los demás,
para salvarse a sí mismo.
Una patrulla de policía feroz entró en la clase
y se llevó al profesor.
Lo arrestaron allí mismo, le leyeron sus derechos,
y los alumnos
comprendieron que Rimbaud
era el verdadero
orden,
el verdadero Estado,
el verdadero país donde querían vivir.
Rimbaud mirando la vida como lo que es:
un derecho de salvación.

SILENCIO EN EL SHHH

Corazón y huesos de siesta,
plataforma, número mero, seda
dada, entregada salgada.
¿Vocación invocada? ¡Siesta loca!
Porfía, corre, nodescanses,
no hagas la comuna del día,
madera fantástica madera,
de repeat en repeat, y sigilosa noche
de mil corazones, aunque uno
uno uno,
mirlo de uno, mirlo de dos, mirlo
de tres.
Cabeza sofá mediante, receta
polen, quiero estar entre todos
ellos, radios y frenéticos.
Si voy con todo, si voy reptando
como un barco reptando,
si voy con la carga, carga
de corazón medido y subsiguiente.
El penoso pozo
de recuerdos ditirambos,
oh pozo, pozo de ladrillos ladridos,
sin suntuoso tendedero,

para qué nata, para qué fresa,
para qué un paracaídas en el beso.
Corazón cuya siesta
es amazónica, polar, desértica
y mediterránea,
corazón de matas y arbustos y tréboles
mutilados,
lista de frigoríficos calientes,
o armarios sin gallinas frías.
Todo corazón tiene en su corazón
un corazón,
y ese corazón tiene revuelta familia
de saltos,
de preindustriales imágenes,
de colores y de descontrol sensorial
si los sentidos
están ordenados ordenaditos
y superordenados.
Si los sentidos aprietan la almohada
contra sí mismos.
Corazón y huesos de siesta,
flores
que huelen a otras flores, rosa
de azucena y azucena de azahar,
petición de feliz petición,

búsqueda insistente de caviar diástole,
manera de vivir
creando un modo de relacionar
las flores vivas con las flores muertas.

Y LLORÓ DE VUELTA AL HOTEL

Parece ser que el Gordo Barkley
escupió a una niña
que estaba en las gradas,
y la Constitución de los Estados Unidos
añadió una nueva enmienda
para que las niñas no fueran a partidos
de baloncesto americano.
Es difícil decirle a una niña: no hay nata
ni fresas. No hay chocolate, no hay
magdalenas.
No hay gominolas ni nubes de colores.
Así pues, una nueva enmienda prohibió
a las niñas.
Con el sensato tiempo, las gradas
se llenaron de escupitajos, de balones
sin respuesta,
de gigantes egoístas que miraban raro.
Una nueva enmienda prohibió
las miradas
y, de paso, las respuestas sin rebote.
Los partidos de baloncesto se hicieron
de oro,
y el silencio se hizo tan adulto

que la extrañeza y la constitución dudaron.
Una nueva enmienda prohibió
los recuerdos sobre niños,
el visionado de fotografías de infancia
y la apertura de cajas de juguetes.
En el trono
nadie entendió ser rey de algo
si las gradas estaban llenas de herrumbre.
Así pues,
una enmienda prohibió a la propia Constitución
de los Estados Unidos,
y el Gordo Barkley lloró por la niña,
porque la niña le había salvado la vida.
A partir de aquí,
las niñas pudieron volver a las gradas
de los partidos de baloncesto,
y una nueva Constitución fue votada por todos,
incluso por el Gordo Barkley,
que ya nunca más volvió
a estar solo.

¿CUÁNDO VOLVERÁ EL AMOR?

En las tiendas no te dicen nada.
En las academias
y en las ingenierías, tampoco.
Nadie habla del amor
que se termina,
cuánto tiempo transcurre
hasta que llega otro.
Hagamos un cálculo aproximado.
Sumar sería fácil,
pero no sería justo. Hay turnos
de lluvia podrida,
grupos de árboles cansados,
troquelados y romos.
Pérdida de Romas azules. Sea
lo que sea,
el cálculo llega y se acerca a la ventana,
para ver el oro salir del cofre,
o el esquife caer del barco.
¿Es que acaso el café es frío
y el agua es turbia?
No vale pensar en situaciones
rotuladas de nuevo,
ni en cargas con un valor dacti dactilar.

Si multiplicas el amor
por sí mismo,
el resultado es tiempo de duelo, duelo,
flor sin flor todavía.
Esperar a que el olvido, o el cofre,
tengan su mirilla,
su vocalización inmediata,
su soldadura interregna. Esperar
a que pase el óleo
renacentista,
la caricia que tanto ahondó el mundo.
¿Cuántos días, cuántos años
hay que esperar
para que el amor vuelva a serlo?
Y bailar dentro de un sistema gracioso,
y segar el trigo recién escrito.
El amor, cuando muere,
necesita de su duelo.
El amor necesita del tiempo del olvido,
de la carrera por la playa,
de la sustancia de la que se hacen los sueños.
Así pues,
realizados los cálculos,
distribuidas las variables
y registradas las entradas indistinguibles

de las palabras acumuladas,
el total de duelo
tras el amor muerto es de 1240 años.

POEMA CALIFICADO CON UN CERO EN EL EXAMEN DE POESÍA DEL INSTITUTO NÚMERO 2 DEL OTRO LADO DEL RÍVER

Oh sí, cómo recuerdo las palabras
peligrosas, como pus, como tambor cólico,
como ardilla santa. Las recuerdo
a dos kilómetros de mi padre, y a tres kilómetros
de su recuerdo. A cinco de sus principios,
y a seis de su muerte.
Recuerdo todas las palabras peligrosas
de mi vida, como comportamiento, como trigo
independiente, como espera.
En realidad, no recuerdo
nada de nada
de nada.
Y sabes qué: tú eres mi casa.
Después, me fui por la tarde al cine, y allí
me encontré el tambor de Almanzor,
y también al matrimonio Arnolfini, divorciándose.
Total, seiscientos y pico años casados.
Qué más da:
han compartido… cien vidas normales.
Tienen derecho a tocar el tambor
antes de irse cada uno a su casa.

La casa del matrimonio es el acercamiento.
Por eso el amor
no existe salvo que haya palabras
de cariño.
Una vez vi a mi madre abrazar a mi padre
sin venir a cuento.
Se me quedó grabado para siempre.
Aprendí a manejar la espada
y vencí al abogado que divorció al matrimonio
Arnolfini.
Le asesté un espadazo en la corva,
y luego llamé a una ambulancia y luego a otra.
Mi casa es la casa de mi padre
y el abrazo de mi madre a mi padre.
Nuevas noticias en la piel
que toca a otra piel de manera suave.
No temas si ves un tigre,
porque no viene a por ti.
La mayor parte de las palabras están reconocidas,
por si actúan.
Y por eso es peligroso dudar de todo.
Súbete a un árbol, y grita como si él mismo gritara.
Aquella tarde en el cine vi una película irlandesa
donde salía Irlanda
y un puente y miles de flores.
No sé qué se puede esperar de una flor.

Nada,
salvo que no tiene pus.
Ni siquiera uranio.
Cierto que puede ponerse en la cabeza,
la flor que adorna,
pero esa flor en la cabeza ya no tiene raíz
y una flor sin raíz,
¿puede llamarse flor?
Yo creo que sí. Porque sigue siendo bella.
Y la raíz es su belleza,
no esas cosas que están bajo tierra.
En fin. Recuerdo esas palabras peligrosas
que estaban junto al tambor perdido,
que no recogí
porque mi padre me dijo
que no debía hacer llorar
a un niño.
(Seguramente ese tambor fuera de otro niño).
Y así fue.
Desde entonces domino el arte
del espadachín,
y cuando veo algo que no me gusta,
lucho para que Irlanda
sea verde,
mi madre no olvide su abrazo,
y el matrimonio Arnolfini vuelva a su siglo XV.

UN SALTO MÁS OTRO SALTO

HYW murió a los 89 años.
A su entierro fue su sobrino,
porque sus hermanos, padres,
primos ya no estaban.
Un día soleado. El cielo azul.
Etc. Etc.
Su sobrino tenía, entonces,
45 años.
El día siguiente fue de lluvia,
algo de viento.
El sobrino continuó su vida: deslices,
triunfos, anatomías,
quiebros, alegres paredes.
Etc. Etc.
¿Vas a ir al cementerio?,
le preguntaba su voz interior
(la vida).
Tenía recuerdos de su tío, muchos,
y con el tiempo se fueron
seleccionando,
hasta quedar los precisos recuerdos.
Cambiaban de matices,
pero ahí estaba él, su tío.

Pasó el tiempo.
Etc. Etc.
Vio un tren descarrilar sin ser la vida.
Notó que el viento estaba
por estar.
Etc. Etc.
Y cuando cumplió los 83 años,
recordó por última vez a su tío:
una tarde de otoño, paseando
por un camino hacia una ermita,
jugando a qué palabra
era la más importante del mundo.
Cuando murió, unas semanas
después,
ya nadie más imaginó a su tío,
ni lo recordó,
ni lo buscó por las líneas continuas y discontinuas.
HYW murió a los 127 años.
Esa fue la longitud de su vida.
Ese fue el regalo que tuvo.

TESTAMENTO

No quiero hacerte llorar
Puede que lo haga a grandes inviernos
No quiero hacerte llorar
Sé que estaremos juntos mil casas
pero una de ellas será una casa
la casa
la casa donde plantarás trigo
donde harás la cena de Nochevieja
donde recitarás una lista
de frigoríficos nuevos
o de calefacciones rojas y azules
Sé que no te haré llorar
o eso es mi piel en cada momento
Sé que los rasguños
las penetraciones cuchilleras
o las llamas del fuego indisciplinado
dejarán huellas y nieve
o melancolías
pero no temas que no te haré llorar
y si lo hago
es porque un día me he ido y ya no diré
más tu nombre
pero a pesar de todo la bahía

y los barcos
y las montañas y los alpinistas dirán
que yo no te hice llorar
porque para qué
para qué columpiar el dolor si él roe
las cosas importantes
si él no sabe ni siquiera qué edad tenemos
Por eso piensa
que yo no te haré llorar
que pude ponerte los zapatos
que fui a una juguetería y más tarde
a una tienda de muebles
que te miré por la noche
mientras dormías con los cuentos sólidos
y las canciones gigantes
y que no dejé entrar
a la huella desconocida en la nieve
ni a la pérgola caída
ni al átomo de la inconsistencia
Yo no te haré llorar
porque soy un juguete dentro de la caja
pero también un juguete fuera
de la caja
y también un señor que prepara
un cola cao

y luego un buen guiso con patatas y aire
siempre fabricando el aire
que permite a los comportamientos
que sean ellos mismos
si ellos mismos pueden considerarse
ellos mismos
Yo no te haré llorar
escribe esto donde quieras
díselo a los espadachines que veas
a los atómicos
a las bandadas de grullas
Díselo a quien quieras
pero sobre todo no ocultes nunca mi remo
mi barca
mi lago
contigo a hombros
mientras cruzamos lo que tenemos
que cruzar
con el paisaje
y las lágrimas debajo de nosotros
nunca con nosotros.

EPITAFIO

No temáis. Seré breve.
Una vez, rara vez, una vez.
Sí, rarísima vez corté man-
zana zana, una manzana
en medio del campo camporio,
del verbo campavivir. Y eso
no es todo,
porque viviviví mucho,
alargué, o quise alargar mi
meta metamiedo a caer
dentro de un viví corto cortante.
Después,
recluí como recluictante,
supuse que vivir viviría vivirio,
y así fue,
vivíviví como un alzado,
espadachín diestro zurdo centro,
y luego puse
capital donde la capital era
solo una cualquier loza
ladrillo
loseta,
síntoma de viviryendo yendo.

Podría considerarme
un caballo podrido pero
no, no me considero equimío,
no me considero
que haya gigantaseado
con las emocionaciones
de mi corazón.
Nunca duraré medio minuto
en el dolor del otro,
acaso un segundo independiente
en su fármaco.
Siempre dicen que vivir sale
mal,
porque te mueres y el trigo
trigal rumorea
la muerte amarilla del sol azul,
como si el sol solana
solo supiera qué color
divertía a los trigales
cálidos.
No me creo nada de lo viviolvidado,
no me creo la señal
de lo que porta
manos
renacentistamente rápidas,

serio altercado
del frío con el frigorífico caliente.
Me gustaría pensar
que vivivíví mucho más
de lo medido por el reloj de sol,
porque para qué sirve
coger un DNI
y leer un nombre usado gastado
erosionado,
hendido por cuchillantes días diarios,
salvajes filotoleraciones
del amargor,
capazo atómico del amor
desanudado,
verde pradera que gestiona al oso,
al paseante
y al rocío de la mañana magnífica.
Así pues,
no me quejo de vivir corto
(siempre es corto el vivir)
sino de vivircaer
en sinos trapezoidales en lugar
de cuadrados,
diáfanos y limpios círculos pájaros.
Deseo que va adonde yo voy,

deseo
sintáctico que me pronombriza
y me verbamonta
en la montaña más mágica
de las caderas del año.
Puede que viva
para comprender la curva
de la carretera,
solamente para eso, y para vivivivir
felicidadamente,
que es gerundio, y participio,
y un pájaro
sutilmente encariñado.

LOS CINCO REYES MAGOS

Un padre recogió los juguetes
del maletero de su coche.
De camino al portal, dos atracadores azules
le robaron los juguetes.
El padre se quedó sin los Reyes. Su hijo
también.
Eran las dos de la madrugada.
El padre sabía que su hijo se despertaría
a las siete
y que no vería nada. Absolutamente
muertos y vacíos y pérgolas solas.
Los atracadores azules eran padres, y sus hijos
sí tendrían regalos (por fin).
Pero el padre atracado lloraba.
Sin una explicación posible
a una muerte de absoluta infancia.
Decidió llamar a sus amigos, un regalo
de los muchos que tendrían.
Siempre hay un pájaro que canta.
Ninguno cogió el teléfono. La Ópera de París
atracada en medio de los besos.
La Pasión de Todos los Hombres
en brazos de su Melancolía.

Todo destruido, todo destruido aún más.
Una bolsa de caballos
podridos.
El padre no podía dejar que aquella línea
fuera la última que uniera algo.
Aquella incertidumbre
para siempre
en todas las siete de la mañana.
Saltos sin catedrales auténticas, trigos
sin soles amarillos.
El padre también podría ser atracador azul,
también
cortar una línea duradera.
Pero hay posibles que son inalcanzables.
Y trinos que no son pájaros.
Entró a casa, se acercó a la cama
donde su hijo dormía,
y le acarició la cabeza,
quizá por última vez antes de que la magia
fuera enterrada.
Llamaron a la puerta. Un toque suave.
Tras ella, los dos atracadores azules.
"Hay diez regalos. Hemos pensado dejarte dos,
uno grande, y otro pequeño".

El padre atracado solo supo mirarles
y decir,
hablad bajito.
Y así es como los niños encuentran
dos líneas unidas,
dos óperas casadas,
dos increíbles zapatos para siempre.
A veces,
el espadachín rápido anima al espadachín lento.

EL LATIDO

Una mujer en silla de ruedas
se encontró frente a una caja de cartón
en medio de la acera.
La caja de cartón era grande y,
tras la lluvia, estaba empapada.
Yo, que pasaba por allí,
vi lo que estaba ocurriendo.
Así que, sabiendo lo que podría
no pasar,
que sin duda era lo esperable,
cogí la caja
y la quité de allí para siempre.
La dejé en el contenedor de reciclaje,
y semanas después aquella caja
acabó reconvertida
en una nueva caja.
Esa nueva caja fue utilizada en una mudanza,
y en ella metieron juguetes.
Como en ella metieron juguetes,
ya no quise saber nada más de ella,
porque ya sabía lo suficiente.
Así que dejé de pensar en ella,
supongo que porque la quité de un sitio,

para siempre,
y la dejé en otro sitio, para siempre.
Cuando las cajas dominen el mundo,
y las mudanzas sean
una y otra vez,
sé que tendré un sitio especial entre ellas.
Seré un poco caja,
y un poco menos mudanza.
No ansío nada, no busco nada.
Había una caja en un camino
y todo estaba indispuesto.
No sé en qué momento del mundialismo
alguien eligió mi participación.
Hice algo para siempre,
y esa esperanza discreta y mínima
se convirtió
en un encuentro sin abandono.
Las cajas,
digan lo que digan,
son nuestro corazón.

PER SE

Recuerdo que no terminé
aquella media maratón, que abandoné
a falta de medio kilómetro.
Mi cuerpo dijo basta,
y paré, sabiendo que estaba cerca, muy cerca.
Me fui.
Quince años más tarde, en el mismo sitio
donde abandoné,
me senté *per se.*
Según mis cálculos, el ganador
me estaba sacando quince años,
dos meses, ocho días y algunas horas.
Reconocí el viejo árbol,
la cafetería con su interior en madera,
la parada de taxis
frente a un chaflán blanco.
También reconocí la tienda de móviles,
y el edificio con balcones azules,
ese azul que llaman aragonés.
Me senté *per se*
porque quería saber si necesitaba terminar
la carrera.
Si aún podría llegar a la meta,

y marcar un tiempo
imperecedero.
El ganador no sabía de mi existencia,
su tiempo ya se había definido hacía mucho.
Levantarme y correr
como si toda carrera fuera idea nuestra,
sin importar el tiempo medido, aunque sí
elegido.
Las capas superficiales de la felicidad
y el profundo resplandor de los proyectos.
El sesgo indudable de la calma
dentro del cofre del tesoro, tesoro y tesoro.
Cuando el tiempo,
cuando el movimiento son partes blandas
de un viaje irrecuperable,
tenido por un recuerdo sin solivianteces,
abril de causa necesaria.
Lo normal es que se viva *per se*,
porque, de lo contrario,
la oscuridad sería demasiado fuerte,
y estamos hechos para fabricar bombillas,
no para destruirlas.
Podría quedarme sentado, podría vivir cerca
de la fábrica de lámparas
y no comprar ninguna.

Pero no estamos hechos para un inacabado invierno,
sino para un ciclo completo
de lo que sea, y *per se*.
El tiempo del ganador fue de 1 hora,
26 minutos y 36 segundos.
Y el mío, finalmente,
de 15 años, 2 meses, 8 días, 2 horas, 23 minutos
y 18 segundos.

LA VIDA SÍ SE SABE

La vida nunca se sabe.
Sí se sabe.
Érase un gorrión artillero
que fue por un camino marinero.
Llegó a una venta arponera:
¡durmió en una habitación nómada!
Durante la noche rumbera,
soñó con dos madres arqueras.
Luego el gorrión artillero
se convirtió en ciervo carguero,
prendas laneras,
futuros duraderos.
Pagó al dueño de la venta
y continuó su camino noguero.
Por fin, llegó a un bosque
y preguntó por su idioma materno.
El lenguaje dicta esta sentencia
y en el fondo la comprensión es propia.
¿Qué entiendes tú, gorrión
artillero, por artillería, por futuro,
por vuelo,
por imposición de las categorías?
¿Acaso tú, bosque materno,

tienes más raíces por decirlo mucho?
¿Puedes mezclar mi pasado
con mi futuro, y que salga presente?
La vida nunca se sabe.
Sí se sabe.
Se sabe todo.
El gorrión marinero y el norte moderno.
La fatiga fontanal y el ruido montañero.
La vida es un cuento rodero
que va por caminos curanderos.
Si el gorrión artillero se para,
el aire juntero le ayudará a seguir.
Esta hora es la hora justa.
¿No crees, ciervo carguero,
que la carga sólida es un líquido mulero?
¿Que el sol paterno
es un hito somero en la extensión de ti?
¿Te crees, árbol marinero,
que el mar cocinero no cocina para todos?
La vida cocina para todos los seres,
mineros
o no mineros.
Cocina porque el lenguaje vero está ahí,
verdadero,
suma fácil y aliento ingeniero.

Y tú, gorrión artillero,
que has salido de tu condición voladora
para ser un elemento
de pensamiento poético,
has de saber que el dibujo certero
de tu ala
es ancho,
grande, mil veces el inmenso suero.
La vida ya se sabe,
pero la vida no basta con sentirla,
no basta con ser perfumero
de flor preciosa.
Es más que eso. Es adalid mañanero,
petróleo relojero
de sangre hirviente, señal lucera
del bienvenido día.
Puede que tú, gorrión artillero,
solo seas una creación fortuita de alguien,
la perspectiva única
de un rechazador basurero.
Y aún así: qué suerte, qué bien,
qué don verdadero.
El lenguaje nos hace más todavía.
Todavía más lente dominadora.
El gorrión artillero llegó a su nido lucero,

pues,
y sonrió con espíritu velero.
Había llegado a su camisa y a su palabra
de gorrión artillero.
Había llegado a su cometido
y a su latido puntero.
Ya solo resta tocar la consciencia,
tocar el minuto detrás del minuto,
redondear el canto del trigo
cuando el trigo es, sí o sí, compañero.

EL VIENTO QUE SABÍA VOLAR

Lugares.
Qué importante son los lugares.
Sin ellos
no nacerían los niños,
no habría habido Revolución francesa,
ni industrial, ni rusa.
No nadarían los castores,
ni corretearían los perros azules,
pintados previamente
por los niños traviesos del barrio.
Ay,
los lugares.
Sin ellos los principales principios
no serían principales, principalmente
porque los principios
necesitan de un lugar donde nacer.
Los lugares.
Sí, los lugares.
De ellos hablan los padres,
los profesores,
los altavoces de la feria.
Lugares donde todo es posible,
física e imaginativamente.

Radiantes grullas y radiantes jirafas,
ondas místicas para los místicos
y tonterías místicas para los tontos.
Lugares donde nace el hombre,
donde nace la mujer,
donde nace el germen de nacer
hombre o mujer, amor exaltado o amor.
Lugares que contienen casas
y falansterios
y catedrales con partes redondas.
Sí.
Qué importantes son los lugares.
Su capacidad de crear una arquitectura
natural o humana
para la recreación emotiva,
para la tutela sólida de lo que ocurrió
o deberá ocurrir.
Un castor lo construye, vive en él,
igual que un abogado.
Un pintor renacentista
lo ve en su pupila y en la pupila
de otro pintor renacentista.
Las espadas a veces se pierden en ellos,
también los coches de juguete.
Los lugares.

Qué más da si los lugares tienen geografía,
o tiempo,
o historia.
Qué más da si los lugares
se saben de memoria todas las canciones.
Lo que importa
es que los lugares nos llaman lugares
a nosotros.
Así nos lo expresan
con sus numerosos bosques, sus trozos de cielo
azul,
sus principales ciervos.
Los lugares vieron nacer a la madre
de Leonardo da Vinci,
y también al padre de Lorenzo Lotto.
Vieron cómo se pudría
un arquero en Azincourt,
o se marchaba un oso a su cueva.
Los lugares
son importantes
porque en ellos se contiene
el poder de representar nuestro futuro.
Una antítesis de la nada,
que es el lugar
final del lugar.

Así es. Los lugares. Las ganas de vivir.
El lado inverso del Imperio romano,
ya desaparecido.
El castor decidido a nadar.
La fuerza.
La vida.
El molino que se asienta en una tierra,
en un conjunto de energías
hospitalarias.

DOMICILIO

Frente a unas planchas metálicas
de color verde roto,
unas bailarinas bailan al son del piano
que toca un músico.
Me gustaría vivir cerca de una boca de metro.
Tener un pisito, una casa, una catedral
o una tienda de campaña
junto a una boca de metro. Ver a la gente
desaparecer
(pero no realmente, porque viajan a otra parte),
y mirar a la gente salir
de la boca de metro.
Es un sitio fantástico, mirar por la ventana
y tender la mano y tocar a la gente
que entra en la boca de metro.
Decir:
Grulla, no desaparezcas.
Mecánico, no desaparezcas.
Niño del globo amarillo, no desaparezcas.
Mujer con pena, no desaparezcas.
Oso de peluche bajo un prisma de luz, no desaparezcas.
Primo Marcos, no desaparezcas.
Conservador del museo, no desaparezcas.

Frente arrugada, no desaparezcas.
Zorro 8, no desaparezcas.
Barco de plástico en mano de niña, no desaparezcas.
Alcalde horrible, no desaparezcas.
Bailarina con tutú, no desaparezcas.
Es tan bonito vivir junto a una boca de metro,
lanzar la base de la sujeción
al mundo
a partir de una mirada desde la ventana,
o abriendo la puerta y diciendo: Hola,
adiós, hola.
Tan bonito saber que viajan pero no desaparecen.
Cultivar el campo
enterrando la semilla que no desaparece,
porque el agua no desaparece,
igual que la bailarina, que no desaparece
cuando entra en la boca de metro.
Decir:
Montaña, no desaparezcas.
Llamada en espera, no desaparezcas.
Profesor de historia, no desaparezcas.
Ciervo inteligente, no desaparezcas.
Casa de cien crías, no desaparezcas.
Pintor renacentista con pincel en la mano,
no desaparezcas.

Dintel sobre albañil, no desaparezcas.
Las bailarinas giran sus cuerpos, y sus brazos ondean
como sus pies se alzan,
el mismo aire que entra en la boca de ella
y en la boca de metro.
Me gustaría un hogar junto a una boca de metro.
La gente desaparece por ella
y viaja
y no desaparece.
Lo que desaparece no desaparece,
es así porque por la boca de metro sale gente
que no había desaparecido antes.
No desaparecer es el mejor invento del siglo,
el mejor fármaco contra el dolor,
la gran línea orbital de los misterios
cariñosos.
Madre anciana, no desaparezcas.
Simplemente baja las escaleras de la boca de metro,
que te ayude tu nieto,
o tu hijo.
Tu falta de desaparición me alegra,
me hace comprender el vuelo de los pájaros.
La gente entra en la boca de metro
y yo les digo que no desaparezcan,
porque, de lo contrario,

el ahogado se ahogaría de verdad.
Ahogado, no desaparezcas.
Solo baja por la boca de metro, y toma el tren
que te lleve
adonde nos llevan las bailarinas cuando bailan.

LOS ADULTOS, NOS PONGAMOS COMO NOS PONGAMOS, CREEMOS EN LOS HOSPITALES

A veces, el restaurante japonés
está en Madrid. Y a veces en el número 160
de la calle. A veces hay que llegar hasta él
corriendo
porque, a veces, en Madrid, hay cuatro japoneses
en la misma calle.
A veces, desorientado, te presentas
en ese que está en el otro extremo de la calle,
y a veces son las diez y treinta y cinco.
Una hora como otra cualquiera,
pero la justa para que anulen tu reserva
si no recorres la calle
cuanto antes. A veces hay que ir muy rápido,
tan rápido como tu cuerpo pueda.
A veces hay que correr y correr por Madrid
para que no olviden tu nombre.
En esa carrera con abrigo largo, pañuelo al cuello
y botas de montaña
tus músculos tienen muchos años.
Atrás vas dejando portales, cocheras y hoteles,
escaparates y supermercados.
Atrás vas dejando las señales y la noche oscura que sueña.

Tu voz son los brazos, la respiración honda,
los pulmones y el pecho.
El dolor físico de una puntualidad
que tiene luna, y un montón de semáforos.
A veces hay que correr, no para huir,
sino para cenar,
para llegar a esa conciencia de cena, a ese suspiro
inédito de vida.
Las calles de Madrid son muy largas,
y los portales están muy espaciados unos de otros.
Mejor sería correr a caballo,
pero no hay caballos para llegar a los restaurantes.
Nadie te obliga a correr, nadie te grita
que corras, nadie te observa en tu carrera.
Todo es hacienda tuya,
sentido árbol con la madera propia.
Los músculos intentan ayudarte, pero has de parar
de vez en cuando,
respirar un poco,
duplicar las fórmulas de vencer vencer y vencer.
A veces el restaurante japonés está en Madrid,
y, a veces, llegas tarde.
Ese tipo de cosas.
Sin embargo, y después de todo,
llegas a tiempo, justo a tiempo de que te nombren.

Y cuando paras,
exhausto,
roto por unas cuantas selvas y unas cuantas montañas,
compruebas que no has corrido solo.
Que alguien, mucho más joven que tú, ha corrido
a tu lado.
Que, aunque ese alguien podría haber llegado antes que tú,
ha querido permanecer en tu carrera,
en paralelo,
parando cuando tú parabas,
respirando cuando tú respirabas.
No has corrido solo. No.
Has corrido con un hospital de quince años,
sí, un hospital de quince años.
¿Y qué más se puede añadir a una carrera así,
salvo que mil ideas han llegado a la vida,
y luego han nombrado tu nombre?
¿Salvo que un hospital más otro hospital es siempre uno,
y que nada se puede comparar con una carrera
unida al tiempo?
A veces, el restaurante japonés
está en Madrid, y en el número 160.
A veces, la alegría no es solamente japonesa,
sino una detrás de otra, como un día tras otro.

INSEPARABLE DERECHO A VIVIR

A Eva le tocó la vida.
Tenía un piso que era de ella.
Pero al tocarle la vida
podía viajar más veces, más
ciudades. Se la veía feliz. Feliz.
Tenía preguntas, igual
que antes. Pero ahora tenía
otras preguntas.
Los días de lluvia no eran de ella
solamente.
Nunca sintió un milagro.
Cuando paseaba por el parque
había el mismo banco.
Pero el banco era más estratégico.
¿Qué vas a querer hoy, Eva,
que no sea todo?
Todo. Pero tengo melancolía
por esa familia que ha perdido
a su hijo.
No olvido el dolor de otros.
Ningún dolor que sea inadmisible.
Así es, Eva.
Tus preguntas pequeñas

tienen diez metros.
Eva tenía miedo de ser veloz
en los pensamientos
sobre personas desaparecidas.
Pero las personas desaparecen.
Sea como sea.
Venga quien venga.
A Eva le había tocado la vida,
que, en resumen,
es la consciencia de ella misma.
Podía sonreír sin imágenes
mentales,
acercar las pautas a las notas.
Sentir
que las ingravideces son pesos
contra sí mismos.
Los lugares con idilios y las casas
donde soñar los idilios.
Eva recorre sus *casus belli*, y ve
que en ellos no está ella.
Ya no.
Tenía un peluche en cada silla
y un peluche en cada mesa.
Tenía un peluche en cada mueble
y un peluche en cada síntoma.

Después,
se iba con las grullas alegres,
bebía con los espadachines
lentos,
bailaba con las puertas de los demás.
Subir encima del mundo
para vislumbrar los acuerdos.
Sonreír,
porque la vida le había tocado.
Y sobre todo:
caminar descalza por la casa,
hacia ningún sitio en particular,
salvo hacia su caminar descalzo.
Eva, ¿estás ahí?
¿Sí? Entonces, ya sabes:
Ingresa en el aire que acontece.

LA AMBULANCIA DE LAS NARANJAS

Voy a describir un simple detalle.
Por ejemplo, una naranja tirada en el suelo.
Cuando llega marzo y maduran y se caen
de los árboles. Normalmente nadie las recoge.
Los críos juegan con ellas.
Les dan patadas, o las esclafan con el pie.
Los padres no suelen intervenir, quizá
porque están hipotecados. Quizá
porque están siendo invadidos por otros comportamientos
decisivos.
La naranja en cuestión termina rodando
por la acera, hasta un portal, donde queda allí
un par de horas.
Entonces llega el Hacedor, y le pone un nombre
y un apellido.
Te llamarás: ...
Luego continúa su camino de poner nombres
a las naranjas tiradas por el suelo.
Todo esto lo ha visto un crío,
el que antes le había dado la patada. Se acerca
a la naranja y la mira con ojos curiosos,
como intentando comprender por qué ahora
tiene nombre y apellido

la naranja.
Cuando tiene un nombre es más complicado
actuar de cualquier manera.
Es como si ya estuviera en una vitrina,
a la vista de todos.
¿Puedo nombrarte rey de las naranjas?,
le pregunta el crío.
Las naranjas no hablan, y los críos nombran rey
a todo lo que vive en sus juegos.
Así es como las historias se van creando.
No es necesario que el Hacedor sea real,
porque ya el crío y la naranja son reales. Ningún
secreto existe cuando están juntos.
El lenguaje que vaga por ahí se incrusta
y deja hacer.
Cuando el lenguaje se llena de reglas, de bombas,
de límites espinosos,
la capacidad de vivir se vuelve indescriptible.
Solamente es tiempo
entremezclado con lenguaje explicando agujeros.
¿Para qué sirve la naranja,
sino para que pueda tener nombre, reino,
crío cerca,
rodamiento en pos de su propio futuro?
No hace falta ser un genio

para entender que los límites
empujan hacia la raíz de un árbol inventado sin naranjas.
Los nombres y las acciones
completan una voz indefinida,
y solo si eres capaz de comprender este detalle,
el detalle del lenguaje libre,
la imaginación dignificada, el sentido del ingenio,
solo entonces
puedes comprender que ese crío sabe utilizar
el lenguaje.
El detalle terminará de esta manera:
cuando el crío coja la naranja, y se la presente a sus padres,
y les diga: He aquí al rey de las naranjas.
Y sus padres sonrían, y hagan una reverencia,
los dos al mismo tiempo,
sin saber del todo si es a la naranja, o al crío.

LA SUERTE QUE TIENE EL PRADO

En el panel central del *Jardín de las delicias*
de El Bosco,
hay una laguna circular de la que asoma una cabeza
con una manzana encima. Soy yo.
Sé que todo lo que nos rodea es relativamente
feo.
Sé que hay miles de desapariciones todos los días.
Sé que pensáis que el mundo
está lleno de mierda, y que el ser humano
no deja de ser parte de ese contrato hacia la muerte
(los ríos que van a dar a la mar,
que diría mi colega).
Pero estoy cansado de asomarme y que me dicten
la sentencia del ahogado, del ahorcado
y del ahondado.
Todo el rato con la misma canción de notas azules.
Como si la regla de oro fuera:
Todo esto es una broma, porque al final nos vamos.
Dicen muchas cosas
con desasosiego.
Quizá con la finalidad de esperar a que todo sea mentira.
Seguramente no sea mentira,
pero es mejor pensar que quizá todo sea mentira.

A veces me dicen de árboles tronchados,
castores perdidos
y maquinaria inutilizada en el canon de la belleza.
Música pequeña ennegrecida
por el fuego que tiene debajo.
Pies cansados después de doce horas limpiando casas.
Ruidos extraños en el mundo del niño.
Estamos rodeados de cosas relativamente feas.
Podríamos venirnos abajo,
y admitir que la belleza está tosiendo todo el rato,
y que no se entera de nada, queriendo parar
ese ataque de tos.
No creo que la belleza tosa, y tampoco creo
que la dinámica sea perder todas las partidas futuras.
Si yo pudiera salir completamente de este cuadro
iría a un campo de trigo.
El trigo, por alguna razón, me da paz.
Sé que es fácil tirar la mazorca de maíz al suelo
cuando el alpinista cae de la montaña.
Y sé que es fácil
dejar sin piezas el puzle de los ciervos saltando.
En realidad, puedes hacer lo que quieras,
creer que todas nuestras mierdas
son una simple pasión por sobrevivir un día más.
Yo, que estoy preso en este cuadro,

preso para siempre y sin sorpresas,
tengo claro que los árboles contradicen todo esto.
Que el dibujo lunar del sol
es un ejercicio de evidente cortesía.
Que, a pesar de todo este cúmulo de acciones hirientes,
la luz
tiene sol, bombillas a millones, y electricistas
formados.
Que, a pesar de asomarme un poco,
yo estoy en el entero de todos los deseos mundiales.
¿Comprendéis ahora
por qué tengo razón cuando compro ambulancias?
¿Cuando siempre llegan a tiempo y relucen?
Así es.
Sé que es muy fácil rendirse a la evidencia,
pero lo más evidente es encontrar el antídoto.
Está encima del árbol.
En el bolsillo de la madre.
En la jaula vacía
una vez más.
Sé que es fácil rendirse. Pero la contradicción
sirve para recapitular todos los trigales del mundo.
Supongo que os preguntaréis
por qué tengo una manzana encima de la cabeza.
También es fácil.

Tengo una manzana encima de la cabeza
porque está levemente herida,
y yo la estoy curando.

ÍNDICE

Este número 107
de *Siltolá Poesía*
se terminó de imprimir
en el mes de diciembre de 2024

Colección SILTOLÁ POESÍA
Otros títulos publicados en esta colección

Juan María Calles
La música del aire (2012).

Elena Román
Será genealogía (2012).

Ana Llurba
Este es el momento exacto en que el tiempo empieza a correr (2015).

Tadeusz Dąbrowski
Te Deum (2016).

Orlando González Esteva
Las voces de los muertos (2016).

Itziar Mínguez Arnáiz
Que viene el lobo (2016).

Olga Bernad
Perros de noviembre (2016).

Julio César Galán
El primer día (2016).

Felipe García Quintero
Cavado (Hasta el silencio) (2016).

Mauricio Molina Delgado
Treinta y seis daguerrotipos de Diotima desnuda (2016).

Carlos Cortés
Festín en época de peste (2016).

Begoña M. Rueda
Princesa Leia (2016).

Isabella Leardini
La coinquilina scalza (La inquilina descalza) (2017).

Costas Reúsis
La irrealidad submarina (1993-2015) (2017).

León Molina
Esperando a los pájaros del sur (2017).

José Luis Tejada
Razón de ser (2017).

Osvaldo Sauma
Terapia de locos (2017).

Itziar López Guil
Esta tierra es mía (2017).

José Luis Piquero
Tienes que irte (2017).

Julián Cañizares Mata
Navajazo (2017).

José Daniel García
Noir (2017).

Álvaro Guijarro
Siglo XXIII (2017).

José Luis Gómez Toré
Hotel Europa (2017).

Juan Cobos Wilkins
Donde los ángeles se suicidan (2018).

Fernando Pessoa
35 Sonnets / Sonetos (2018).

Javier Lorenzo Candel
Apártate del sol (2018).

Carlos Lagarriga
La imperfección (2018).

Juan Bello Sánchez
Mi tiempo perdido (2018).

Arturo Tendero
El otro ser (2018).

Sònia Hernández
La quietud de metal (2018).

Enrique Zumalabe Ramblado
La lluvia o la mañana (2018).

José Gutiérrez Román
Todo un temblor (2018).

Daniel Fernández Rodríguez
Las cosas en su sitio (2018).

Karmelo C. Iribarren
*Los cien mejores poemas de
Karmelo C. Iribarren* (2018).

Andrea Bernal
Todo lo contrario a la belleza (2019).

Francisco Gálvez
La vida a ratos (2019).

Néstor Villazón
La culpa colectiva (2019).

César Iglesias
Suena la nieve (2019).

Ángel Petisme
La camisa de Machado (2019).

Julián Cañizares Mata
Cuarenta ciervos invisibles (2020).

José Manuel Benítez Ariza
Realidad (2020).

Miguel Veyrat
Furor & Fulgor (2020).

Pelayo Fueyo
La herida del aire (2020).

Javier Lorenzo Candel
Sin piel (2020).

Óscar Díaz
En el principio era América (2020).

Juan Peña
Yacimiento (2021).

José Luis Gómez Toré
El territorio blanco (2022).

Miguel Floriano
Mapas del vagabundo (2022).

Elena Felíu Arquiola
Anuario (2022).

Diego Medina Poveda
En vecindad, no en compañía
(2022).

Eduardo Gregori
Cuaderno de Lucía (2022).

Luis Alemañ Tenas
Cruzar el Rubicón (2022).

Antonio García Barbeito
Athene Noctua (2022).

Julián Cañizares Mata
Setenta saludos (2022).